ORDONNANCE DU ROI,

Concernant les Invalides pensionnés, les Soldats retirés dans les provinces avec leur solde & demi-solde, & les Vétérans.

Du 17 Avril 1772.

DE PAR LE ROI.

S A MAJESTÉ s'étant fait représenter ses Ordonnances des 26 février & 30 novembre 1764; des 21 mai, 1.er & 15 décembre 1766; 1.er janvier 1768, 16 avril & 9 décembre 1771, concernant le traitement accordé aux Officiers, bas Officiers, Maréchaux-des-logis & Soldats retirés chez eux comme Invalides, ou jouissant des soldes ou demi-soldes attribuées par les différentes Ordonnances rendues depuis la dernière paix; Elle auroit reconnu que cette classe de Militaires épars dans le royaume, se multipliant tous les ans, il seroit difficile par la suite des temps de s'assurer de leur existence, & par conséquent de maintenir les règles qu'Elle veut être observées pour le payement des traitemens dont ils jouissent. A quoi Sa Majesté voulant pourvoir, Elle veut & ordonne ce qui suit:

ARTICLE PREMIER.

LES Officiers, bas Officiers, Maréchaux-des-logis & Soldats retirés avec pension, dans les provinces du royaume, sur des certificats du Gouverneur de l'Hôtel royal des Invalides, & ceux qui jouissent dans les mêmes provinces, des soldes cu demi-soldes accordées par les différentes Ordonnances, seront divisés, à commencer du 1.er Juillet 1772, en trente-quatre compagnies, lesquelles porteront le nom de chacune des généralités du royaume, en y comprenant le département de Monaco & l'île de Corse.

Les Officiers, bas Officiers, Maréchaux-des-logis & Soldats-invalides de ces trente-quatre compagnies, continueront d'être sous la discipline du Gouverneur de l'hôtel royal des Invalides.

2.

LES Intendans de chaque généralité, formeront, à la réception de la présente Ordonnance, l'état des subdélégations qu'ils jugeront devoir être attachées au département de chacun des Commissaires des guerres employés dans leur généralité, & auront soin de faire passer leurs instructions à cet égard, aux Commissaires des guerres, & à leurs Subdélégués.

3.

LES Officiers, bas Officiers, Maréchaux-des-logis & Soldats pensionnés, qui se trouveront, lors de la publication de la préfente Ordonnance, établis dans chacune des généralités, ne pourront, fous aucun prétexte (à l'exception du cas de maladie) fe difpenfer de fe préfenter avec leur uniforme, & en perfonne, au Commiffaire des guerres du département le plus prochain de leur domicile, lequel formera, à l'époque du 1.er Juillet prochain, un contrôle exact des hommes retirés dans fon département, avec penfion; & un fecond contrôle de ceux retirés avec la folde & demi-folde. Ces contrôles feront divifés par les fubdélégations qui compofent ledit département; ils feront une mention exacte des noms propres & de baptême de chacun des Invalides ou Soldats penfionnés, de leur âge, de leur grade, des corps où ils ont fervi, des lieux de leur retraite, des dates de leurs certificats, des jours où auront commencé leur payement, & des époques précifes des habillemens reçus ou à recevoir par lefdits penfionnés: L'intention de Sa Majefté étant que les Officiers, bas Officiers & Soldats qui ne fe feront pas conformés à ce qui eft prefcrit dans cet article, foient paffés abfens dans les revues des Commiffaires des guerres de leur département, à compter du 1.er Juillet prochain, & qu'ils ne foient rappelés dans les revues fubféquentes, pour leur penfion, folde ou demi-folde, que du jour où ils fe feront préfentés & auront été infcrits fur le contrôle du Commiffaire des guerres du département le plus prochain de leur réfidence. Lorfque les Commiffaires des guerres formeront lefdits contrôles, ils examineront avec la plus grande attention, les certificats ou congés dont chaque homme fera porteur, ils viferont lefdits congés, en faifant mention de l'époque de l'enregiftrement à leur contrôle, & dans le cas où ils apercevroient quelque infidélité à cet égard, ils feront provifoirement arrêter le porteur dudit certificat ou

A ij

congé, en informeront l'Intendant de la province, & en rendront compte sur le champ au Secrétaire d'État ayant le département de la guerre.

4.

LORSQUE les Commissaires des guerres de chaque département, auront formé leurs contrôles, ainsi qu'il est prescrit par l'article 3, ils en adresseront une expédition à l'Intendant de la province; ces différentes expéditions seront remises par l'Intendant au Commissaire des guerres employé à sa résidence, lequel dressera un contrôle général pour servir à la formation de la compagnie de la généralité, conformément aux articles 1.er & 3, & au modèle joint à la présente Ordonnance. Les Officiers-invalides retirés avec pension, ou employés par ordre de Sa Majesté, à la suite des différentes places du royaume où il n'y a point de compagnie d'Invalides, seront portés à la tête du contrôle, selon leur grade & leur ancienneté de domicile dans la province, en observant de faire mention du lieu où ils sont retirés, de la subdélégation & du département du Commissaire des guerres auquel ils sont attachés. Les bas Officiers & Soldats formant les compagnies de chaque généralité, seront également divisés par département de Commissaire des guerres, & par chacune des subdélégations attachées audit département; en observant de distinguer exactement par un contrôle séparé, les bas Officiers & Soldats retirés avec des certificats du Gouverneur de l'hôtel, & ceux jouissant des soldes ou demi-soldes. Les Commissaires des guerres de la résidence, auront également l'attention de former leur contrôle général par ordre alphabétique du nom propre de chaque homme, en suivant les divisions du département des Commiffaires des guerres & des fubdélégations, & ils adrefferont dans le courant du mois de Juillet prochain, au Secrétaire d'État ayant le département de la guerre, & à l'Intendant de la province, une expédition du contrôle général fervant à la formation de chacune des compagnies.

5.

SA MAJESTÉ voulant être exactement inftruite de la compofition & de l'effectif de chacune des compagnies, ainfi que de la totalité des hommes exiftans dans les trente-quatre compagnies établies dans le royaume à l'époque du 1.er Juillet prochain, il fera formé, fous les ordres du Secrétaire d'État ayant le département de la guerre, un contrôle général defdits Invalides & Soldats penfionnés; ce contrôle fera établi fur ceux adreffés de chaque province au Secrétaire d'État ayant le département de la guerre, & fera une mention exacte à la cafe de chaque homme, des changemens fucceffifs qui arriveront d'une revue à une autre, à commencer de l'époque du 1.er Juillet prochain.

6.

LES Officiers, bas Officiers, Maréchaux-des-logis & Soldats penfionnés qui fe feront préfentés, à l'époque du 1.er Juillet prochain, aux Commiffaires des guerres, fous la police defquels ils fe trouveront, conformément à ce qui eft prefcrit par l'article 3, continueront d'être payés de leurs penfions, foldes & demi-foldes: Défendant très-expreffément Sa Majefté aux Subdélégués, de faire payer & de reconnoître les Officiers, bas Officiers & Soldats dont les certificats & cartouches n'auront pas été vifés par le Commiffaire des guerres de leur département.

7.

LES Officiers, bas Officiers, Maréchaux-des-logis & Soldats pensionnés, qui ne pourront, pour cause de maladie seulement, se présenter au Commissaire des guerres de leur département, à l'époque du 1.ᵉʳ Juillet, pourront lui adresser leurs certificats ou cartouches, avec un certificat signé du Chirurgien, & visé par les Juges, Maire, Échevins ou Syndics des lieux de leur résidence. Enjoignant Sa Majesté aux Commissaires des guerres, après qu'ils auront inscrit lesdits Officiers, bas Officiers ou Soldats sur leurs contrôles, de ne leur faire parvenir leurs certificats ou cartouches, qu'après avoir pris les renseignemens nécessaires sur l'existence réelle desdits hommes, & la vérité des indispositions qu'ils auront annoncées. Les Subdélégués se conformeront, avec la même exactitude, à la disposition de cet article, lors des payemens qu'ils feront faire, tous les deux mois, auxdits Officiers, bas Officiers & Soldats de leurs subdélégations, ainsi qu'il est prescrit par l'article suivant.

8.

LES Officiers, bas Officiers, Maréchaux-des-logis & Soldats pensionnés, seront tenus de se présenter en personne & en uniforme, tous les deux mois, à compter du 1.ᵉʳ Juillet prochain, au Subdélégué le plus prochain des lieux où ils auront établi leur domicile; lequel sera chargé de leur faire payer leurs pensions, d'après les arrangemens qui seront pris à cet effet par les Intendans de chaque généralité, avec les Receveurs des tailles ou autres receveurs des deniers royaux.

9.

LES Subdélégués formeront tous les deux mois, conformément au modèle joint à la présente Ordonnance, l'état nominatif des Officiers, bas Officiers & Soldats pensionnés, & un second état nominatif des hommes retirés avec la solde ou demi-solde qu'ils auront fait payer. Ils adresseront ces états aux Commissaires des guerres de leur subdélégation, lequel formera ses extraits de revue, divisés par subdélégations, conformément au modèle joint à la présente Ordonnance, après avoir vérifié sur son contrôle les états qui lui seront adressés des différentes subdélégations de son département. Ordonne Sa Majesté auxdits Commissaires des guerres d'apporter la plus grande attention dans lesdites vérifications; son intention étant que les pensions, soldes ou demi-soldes des hommes qui seroient portés mal-à-propos dans lesdits extraits de revue, soient retenues sur les appointemens desdits Commissaires des guerres, d'après la vérification qui en sera faite au Contrôle général établi par l'article 5, & les ordres qui seront donnés à cet effet, par le Secrétaire d'État ayant le département de la guerre.

10.

LORSQUE les Commissaires des guerres employés dans chacun des départemens, auront reçu les états des Subdélégués, ainsi qu'il est expliqué dans l'article précédent, ils formeront un extrait de revue, conforme au modèle joint à la présente Ordonnance, pour servir, pendant les deux mois, au payement des Officiers, bas Officiers & Soldats retirés avec pension, & un second extrait de revue, pour servir au payement des bas Officiers & Soldats retirés avec la solde ou demi-solde. Ils adresseront une expédition de chacun desdits extraits, dans les quinze premiers jours du mois suivant, au Secrétaire d'Etat ayant le département de la guerre, à l'Intendant de la généralité, & au Commis principal de l'Extraordinaire des guerres, servant dans ladite généralité.

I I.

L E S Commissaires des guerres employés à la résidence des Intendans, qui seront chargés, conformément à l'article 4, du contrôle de la compagnie de la généralité, formeront, au 1.er Janvier 1773, sur les extraits de revue des Commissaires des guerres du département (lesquels leur seront remis par l'Intendant de la généralité) deux extraits de revue de la compagnie de la généralité pour les six derniers mois 1772, conformément au modèle joint à la présente Ordonnance, dont un pour les Invalides pensionnés, & l'autre pour les bas Officiers & Soldats retirés avec solde ou demi-solde. Ils en formeront de pareils au mois de Juillet 1773, pour les six premiers mois de l'exercice 1773, & seront assujettis à dresser de pareils extraits tous les six mois. Lesdits extraits ne seront formés par les Commissaires des guerres des résidences, qu'après avoir vérifié, avec la plus grande exactitude, les extraits des Commissaires des départemens, avec le contrôle général de la compagnie; ils feront seulement mention du nombre d'hommes désignés par leur grade, de la nature de leur solde, & des sommes qui leur auront été payées, à raison de leur traitement par mois; Sa Majesté voulant bien ne les assujettir qu'à porter nominativement, sur leurs extraits de revue, les hommes admis ou sortis de la compagnie, & ceux qui seront morts dans l'intervalle d'une revue à une autre. Les Commissaires des guerres de chaque résidence, adresseront, tous les six mois, une expédition de leur revue au Secrétaire d'État ayant le département de la guerre, à l'Intendant de la généralité, & au Commis principal de l'Extraordinaire des guerres, servant dans ladite généralité: Voulant Sa Majesté qu'en rapportant par lui ledit extrait de revue, & sa quittance seulement, le montant lui en soit passé & alloué dans la dépense de ses comptes.

12.

TOUT Officier, bas Officier, Soldat invalide ou pensionné, qui ne se fera point présenté dans l'intervalle de quatre mois à son Subdélégué, sera privé de sa pension ou solde pendant les quatre mois, & ne pourra être rappelé pour ledit temps, dans les revues des Commissaires des guerres, sans un ordre exprès du Secrétaire d'État ayant le département de la guerre.

13.

TOUT Officier, bas Officier, Soldat invalide ou pensionné, ayant élu domicile à l'époque du 1.er Juillet prochain, ne pourra s'établir dans un autre département de Commissaire des guerres, sans avoir un certificat du Commissaire sous la police duquel il étoit précédemment; & dans le cas où il voudroit seulement passer d'une subdélégation dans une autre du même département, il se procurera un certificat du Sub-délégué de son premier domicile, lequel fera mention de la dernière époque à laquelle il a été payé: Défendant très-expressément Sa Majesté aux Commissaires des guerres & aux Subdélégués, de reconnoître & de comprendre sur leurs contrôles & états de revue, tout Officier, bas Officier & Soldat invalide ou pensionné qui ne se conformera pas à ce qui lui est prescrit dans cet article.

14.

TOUT Officier, bas Officier, Soldat invalide ou pensionné,

qui deſirera de quitter ſa compagnie pour paſſer dans une autre, ſera obligé de ſe préſenter au Subdélégué, & lui ſera connoître les motifs de ſa demande, pour qu'il lui expédie un certificat de ceſſation de payement, où il ſera fait mention de ſa nouvelle réſidence; ce Subdélégué en informera ſur le champ le Commiſſaire des guerres de ſon département, qui ſera mention ſur ſon contrôle, de l'époque à laquelle il aura ceſſé d'être payé, & de la compagnie à laquelle il doit paſſer. Défendant expreſſément Sa Majeſté aux Commiſſaires des guerres employés dans les autres provinces, & aux Subdélégués, de reconnoître & de faire payer leſdits Officiers, bas Officiers & Soldats invalides ou penſionnés qui ſe préſenteroient à d'autres deſtinations qu'à celles indiquées par leur certificat.

15.

Le Gouverneur de l'hôtel royal des Invalides, adreſſera chaque mois au Secrétaire d'État ayant le département de la guerre, un état détaillé des hommes exiſtans à l'hôtel ou dans les compagnies détachées, auxquels il aura jugé à propos d'accorder la penſion ; cet état fera une mention exacte du grade, de l'âge, des ſervices, infirmités ou bleſſures, & du montant de la penſion de chaque homme, ainſi que du lieu où il aura demandé à ſe retirer: L'intention de Sa Majeſté étant, que le Secrétaire d'État ayant le département de la guerre, faſſe paſſer dans chacune des généralités, leſdits états, & que les Commiſſaires des guerres ne puiſſent comprendre dans leurs contrôles & revues, à compter du 1.er Juillet prochain, aucun homme nouvellement admis à la penſion, à moins que ſon admiſſion dans les compagnies ne ſoit autoriſée par le Secrétaire d'État ayant le département de la guerre.

16.

LORSQUE les Inspecteurs des troupes de Sa Majesté, propoferont pour les bas Officiers ou Soldats de leur infpection les foldes ou demi-foldes qu'ils auront méritées par leurs fervices, ils adrefferont au Secrétaire d'État ayant le département de la guerre, un état détaillé du nombre d'hommes de leur infpection; cet état fera une mention exacte du grade, de l'âge, des fervices, infirmités ou bleffures, & du montant de la penfion de chaque homme, ainfi que du lieu où il déclarera vouloir fe retirer : L'intention de Sa Majefté étant que le Secrétaire d'État ayant le département de la guerre, faffe paffer dans chacune des généralités, lefdits états, & que les Commiffaires des guerres ne puiffent comprendre dans leurs contrôles & revues, à compter du 1.er Juillet prochain, aucun homme nouvellement admis à la folde ou demi-folde, à moins que fon admiffion dans les compagnies ne foit autorifée par le Secrétaire d'État ayant le département de la guerre.

17.

SA MAJESTÉ permettant aux Officiers, bas Officiers, Maréchaux-des-logis & Soldats retirés chez eux avec penfion, folde ou demi-folde, de faire parvenir leurs repréfentations au Gouverneur de l'hôtel, foit qu'ils defirent de paffer dans les compagnies détachées, ou d'être admis à l'hôtel pour raifon d'infirmités ou autres qu'ils feront connoître, le Gouverneur de l'hôtel adreffera au Secrétaire d'État ayant le département de la guerre, les états détaillés des motifs qui l'auront déterminé à leur accorder leur demande, & des payemens qu'il aura fait faire, à compter du jour qu'ils auront cessé d'être payés dans leurs compagnies, jusqu'au jour qu'ils feront admis à l'hôtel, ou qu'ils entreront en subsistance dans les compagnies détachées.

L'intention de Sa Majesté est que lesdits Invalides pensionnés qui devront être admis dans les compagnies détachées, ne puissent entrer que dans celles employées sur les frontières, & sous aucun prétexte, dans celles à portée de leur domicile.

18.

LORSQUE les contrôles des compagnies de chaque généralité, auront été adressés au Secrétaire d'État ayant le département de la guerre, & qu'ils auront été vérifiés & enregistrés au contrôle général, conformément aux articles 3 & 4 de la présente Ordonnance, il sera remis au Gouverneur de l'hôtel royal des Invalides, un état des Officiers, bas Officiers & Soldats invalides retirés avec pension, existans dans chaque province; & il sera expédier pour chacun desdits Officiers, bas Officiers & Soldats, un nouveau certificat conforme au modèle joint à la présente Ordonnance. Lesdits certificats feront adressés aux Intendans de chaque généralité, lesquels se chargeront de les faire passer aux Commissaires des guerres employés dans les départemens de leur généralité ; lesdits Commissaires des guerres les feront passer aux Subdélégués, après les avoir visés, & auront la plus grande attention à se procurer les anciens certificats qu'ils adresseront à l'Intendant de la généralité, lequel se chargera de les faire parvenir au Secrétaire d'État ayant le département de la guerre.

19.

ORDONNE très-expressément Sa Majesté aux Curés des

paroisses du royaume dans lesquelles seront établis les Officiers, bas Officiers & Soldats retirés avec pension, solde ou demi-solde, d'adresser au Secrétaire d'Etat ayant le département de la guerre, une expédition de l'extrait mortuaire de chaque homme, à l'instant de son décès, visée *gratis* des Juges, Maire, Échevins ou Syndics desdits lieux. Ils en enverront une seconde expédition dans la même forme, au Subdélégué qui leur fera délivrer douze sous au compte de Sa Majesté.

20.

Il sera fait aux Officiers, bas Officiers & Soldats retirés avec pension, solde ou demi-solde, qui seront morts dans l'intervalle d'une revue à une autre, le décompte de ce qui est dû à leurs héritiers jusqu'à l'époque de leur décès, sur la présentation que lesdits héritiers ou représentans feront au Subdélégué, du certificat. Les Subdélégués feront passer les extraits mortuaires & les certificats ou cartouches desdits hommes, au Commissaire des guerres de leur département, lesquels seront joints à l'extrait de revue qu'il adressera tous les deux mois à l'Intendant de la généralité, conformément à l'article 10.

21.

Les Officiers, bas Officiers & Soldats étrangers qui se seront retirés dans leur patrie, ayant également participé au même traitement que ceux du royaume, conformément à l'article 19 de l'Ordonnance du 26 février 1764; l'intention de Sa Majesté est, qu'ils continuent d'être payés tous les mois par les Ambassadeurs ou Ministres résidant dans les Cours étrangères, sur des états qu'ils en tiendront & qu'ils adresseront au Secrétaire d'Etat ayant le département de la guerre, pour que le remboursement leur en soit fait sur les fonds de l'extraordinaire des guerres : Voulant Sa Majesté qu'ils s'assurent de leur existence par des certificats de vie, en vérifiant en même temps s'ils n'ont point embrassé du service chez l'étranger, auquel cas ils seroient privés de leur traitement. A l'égard de leur habillement, ceux qui seront à portée des frontières, le recevront en nature, tous les quatre ans, & ceux qui seront trop éloignés en recevront la valeur.

2 2.

LES Invalides pensionnés devant recevoir un habillement tous les quatre ans, & les Soldats retirés avec la solde ou demi-solde, tous les six & huit ans; il sera formé au contrôle général, tous les quatre mois, un état nominatif de ceux auxquels l'habillement sera dû pendant les quatre mois suivans. Ces états seront divisés par compagnies & par département particulier, & ils seront exactement adressés, avec le nombre d'habillemens qui y seront désignés, aux Intendans de chaque généralité.

Les Officiers, bas Officiers & Soldats pensionnés, ne pourront toucher leur habillement que dans leur compagnie, sous tel prétexte que ce puisse être.

2 3.

SA MAJESTÉ ne voulant occasionner aux Officiers, bas Officiers & Soldats pensionnés que les déplacemens de leur domicile absolument nécessaires, Elle entend que les Officiers, bas Officiers & Soldats qui se seront présentés, à l'époque du 1.er Juillet prochain, au Commissaire des guerres de leur département, ne soient obligés de s'y représenter en personne qu'au 1.er Mai 1773, & successivement à l'époque du 1.er Mai de chaque année: L'intention de Sa Majesté étant que lesdits Officiers, bas Officiers & Soldats se conforment d'ailleurs, avec la plus grande exactitude, à ce qui leur est prescrit par les articles 7, 8, 12, 13 & 14 de la présente Ordonnance.

24.

LES Commissaires des guerres employés dans chacun de leur département, formeront, indépendamment du contrôle qu'ils auront à établir au 1.er Juillet prochain, conformément à l'article 2 de la présente Ordonnance, un nouveau contrôle au 1.er Mai de chaque année; ce contrôle sera adressé par eux à l'Intendant de la province, & remis par l'Intendant au Commissaire de sa résidence chargé de la police de la compagnie de la généralité, lequel formera sur les contrôles des différens départemens le contrôle général de la compagnie, dont il adressera dans le courant du mois de Juin de chaque année, une expédition certifiée par lui, au Secrétaire d'Etat ayant le département de la guerre & à l'Intendant de la généralité.

25.

ORDONNE très-expressément Sa Majesté aux Officiers de Maréchaussée & Commandans de brigade, d'apporter la plus grande attention aux réquisitions qui leur seront faites par les Commissaires des guerres, relativement aux éclaircissemens dont ils pourroient avoir besoin sur l'existence réelle des Invalides pensionnés, ou autres objets qui intéresseroient la police desdits Invalides.

Sa Majesté enjoint également aux Officiers de Maréchaussée & Commandans de brigade, de se conformer à ce que pourra leur mander le Gouverneur de l'hôtel, pour le maintien de la difcipline defdits Invalides penfionnés.

26.

LES penfions des Invalides étant alimentaires, on ne pourra les faifir fous aucun prétexte, à moins d'un ordre particulier du Secrétaire d'État ayant le département de la guerre ou de l'Intendant de la province: L'intention de Sa Majefté étant d'ailleurs que lefdites retenues ne puiffent être portées au-delà de la moitié de la penfion, folde ou demi-folde de chaque Officier, bas Officier ou Soldat penfionné.

27.

L'INTENTION de Sa Majefté étant que les Invalides ou Soldats retirés avec penfion dans les provinces, continuent d'être traités, quant aux charges publiques, fuivant les Ordonnances & Règlemens qu'Elle a rendus à ce fujet; ils feront d'ailleurs taxés d'office pour leurs biens perfonnels & taillables, conformément à la Déclaration du Roi du 30 novembre 1715.

Ne pourront cependant jouir defdits priviléges les Invalides ou Soldats penfionnés, qui feront commerce ou qui exerceront des proffefions à boutique ouverte.

28.

LES Invalides ou Soldats penfionnés, qui tomberont malades, feront admis dans les hôpitaux de charité feulement des villes les plus voifines de leur domicile: L'intention de Sa Majefté étant qu'ils jouiffent, dans lefdits hôpitaux, des mêmes avantages & des mêmes prérogatives que les citoyens desdites villes, en remettant au profit desdits hôpitaux la pension dont ils jouiffent. Lorfqu'ils fortiront defdits hôpitaux, ils rapporteront, à la première revue qu'ils pafferont, un certificat au Subdélégué, figné de l'Adminiftrateur de l'hôpital & vifé du Juge du lieu, lequel fera mention du nombre de jours qu'ils auront refté auxdits hôpitaux.

29.

TOUT Invalide ou Soldat penfionné, qui pourroit oublier fon état au point d'être furpris en mendiant & fans certificat, fera arrêté par la Maréchauffée & conftitué dans les prifons du lieu, où il fera nourri au pain de Sa Majefté, jufqu'à ce que le Secrétaire d'État ayant le département de la guerre, à qui les Officiers de Maréchauffée rendront compte de fa détention, ait envoyé des ordres à fon fujet.

30.

L'INTENTION de Sa Majefté eft que les Ordonnances des 1.er février 1763, 26 février & 30 novembre 1764, 21 mai, 1.er & 15 décembre 1766, 1.er janvier 1768, 16 avril, 4 août & 9 décembre 1771, aient leur exécution pour tout ce qui ne fe trouvera pas contraire à la difpofition de la préfente.

31.

N'ENTEND Sa Majefté comprendre dans la préfente Ordonnance, les hommes de la compagnie des Grenadiers à cheval & du corps de la Gendarmerie, retirés avec la folde entière ou la demi-folde, lefquels continueront d'être payés fur leurs certificats de vie, & feront compris fur un état féparé, que les Intendans adrefferont tous les fix mois au

Secrétaire d'État ayant le département de la guerre, qui ordonnera le remboursement de cette dépense par les Trésoriers généraux de l'ordinaire des guerres, à ceux de l'extraordinaire des guerres, qui continueront d'en faire faire l'avance par leurs Commis, dans les provinces, sur les ordres desdits Intendans.

M A N D E & ordonne Sa Majesté au sieur Marquis de Monteynard, Secrétaire d'État ayant le département de la guerre, Directeur & Administrateur de l'hôtel royal des Invalides; au sieur Baron d'Espagnac, Maréchal-de-camp & Gouverneur dudit hôtel; aux Gouverneurs & Commandans dans ses villes & places, aux Intendans en ses provinces, aux Commissaires des guerres & à tous ses Officiers qu'il appartiendra, de tenir la main à l'exécution de la présente Ordonnance. F A I T à Versailles le dix-sept avril mil sept cent soixante-douze. *Signé* LOUIS. *Et plus bas ,* MONTEYNARD.